abwechslungsreiche Rätsel für Erwachsene und Querdenker

50 Codes und Denkaufgaben mit dem besonderen Anspruch – auch für Profis geeignet

Die folgenden 50 Knobelaufgaben werden Sie auf ganzer Linie fordern. Ob es sich um Logik, Mathematik, Textverständnis, Konzentration, Vorstellungsvermögen oder vielseitiges Denken handelt. Sie werden alle Bereiche benötigen, damit Sie zu einer Lösung finden. Gehen Sie behutsam mit den Tipps und den Lösungen um. Jedes Rätsel ist in seiner Form einmalig und muss immer wieder neu erkundet werden. Bleiben Sie geduldig und kreativ. So werden Sie die Lösungen finden.

Viel Spaß und viel Erfolg.

Carsten Richter

abwechslungsreiche Rätsel für Erwachsene und Querdenker

50 Codes und Denkaufgaben mit dem besonderen Anspruch – auch für Profis geeignet

Carsten Richter

Die Deutsche Nationalbibliothek verzeichnet diese Publikation in der Deutschen Nationalbibliografie; detaillierte bibliografische Daten sind im Internet über http://dnb.dnb.de abrufbar.

Illustration: Carsten Richter

Herstellung und Verlag: BoD – Books on Demand, Norderstedt

ISBN: 9783837000986

Inhaltsverzeichnis:

30. Welche Zahl ist gesucht?
31. Welcher Fluss ist gesucht?
32. Welche Figur ist gesucht?
33. Welche Stadt ist gesucht?
34. Welches Gebäude ist gesucht?
35. Welches Tier ist gesucht?
36. Welche Zahl ist gesucht?
37. Wie hoch ist das Alter der Person?
38. Welche beiden europäischen Städte sind gesucht?
39. Wie spät ist es?
40. Welche Zahl ist gesucht?
41. Welcher Name ist gesucht?
42. Welches Tier ist gesucht?
43. Welche Figur ist gesucht?
44. Welche Jahreszahl ist gesucht?
45. Wie spät ist es?
46. Welche Figur ist gesucht?
47. Welche Figur ist gesucht?
48. Welche Zahl ist gesucht?
49. Welche Zahl ist gesucht?
50. Welche Zahl ist gesucht?

Einleitung

Die folgenden 50 Aufgaben weisen ein breites Spektrum an Schwierigkeitsstufen auf und erfordern sehr unterschiedliche Lösungsansätze. Nehmen Sie sich dabei Zeit und bewahren Sie Geduld. Für die verschiedenen Herangehensweisen gibt es kein Standardvorgehen. Daher müssen Sie flexibel denken.
Der Aufbau der Rätsel ist einheitlich. Unter der Überschrift, welche die grundlegende Aufgabe beschreibt, ist manchmal ein allgemein nötiger Hinweis. Daraufhin folgt das Rätsel. Eine durchgängige und gestrichelte Linie stellt den Abschluss des Rätsels dar. Den Bereich darunter sollten Sie vor dem Beginn abdecken, denn dort finden Sie den Lösungsteil. Vorab enthält dieser eine bestimmte Anzahl von Tipps, welche Sie auf die richtige Lösung bringen sollen. Im Anschluss gibt es eine Prüfung der Lösung, ohne die Lösung zu verraten. Hier können Sie Ihr Ergebnis prüfen. Darauf folgend sehen Sie die komplette Lösung mit Beschreibung.
Gehen Sie äußerst sparsam mit den Tipps und den Lösungen um. Wen Sie einmal nicht weiter wissen, dann versuchen Sie erst einmal die nächsten Rätsel und kommen später noch einmal zu der Aufgabe zurück.
Der Aufbau ist derart vielseitig, dass Sie sich vor vorgefertigten Lösungswegen hüten müssen. Gehen Sie an jede Aufgabe vorbehaltlos heran und denken Sie in viele Richtungen.
Andere Hilfsmittel, beispielsweise Atlanten, Taschenrechner oder Lehrbücher, sind natürlich erlaubt. Sie können sich jeglicher Lektüren bedienen, was teilweise erforderlich ist (Koordinaten von Städten, römische Zahlen und Binärcodes).

Viel Erfolg beim Knacken der Codes und dem Lösen der Aufgaben.

Wissenswertes für die Aufgaben

Einige der Aufgaben beziehen sich auf römische Zahlen und dem Binärcode. Bevor Sie mit dem Lösen beginnen, sollten Sie sich damit befassen.

Römische Zahlen:

I	=1
V	=5
X	=10
L	=50
C	=100
D	=500
M	=1000

Die Zahlen werden aus diesen Bausteinen zusammengesetzt. Durch Addition und Subtraktion ist jede beliebige Zahl darstellbar.
Wenn die kleinere Zahl vor einer höheren Zahl steht, dann wird Sie von der höheren Zahl abgezogen. So beispielsweise bei der 4. Sie wird als IV geschrieben. Somit rechnen Sie 5-1 und erhalten 4.
Anders die 6. Sie wird mit VI dargestellt. Rechnen Sie 5+1 und Sie erhalten 6.

Binärcode
Sie kennen den Code aus der Computersprache. Er besteht aus Einsen und Nullen. Mit dem Binärcode können alle Zahlenwerte dargestellt werden. Am einfachsten lässt er sich an einem Beispiel erklären.
Zur Übung den Code 1101.
Sie beginnen von hinten und rechnen:
2 (für 2 Varianten im Binärcode)
Hoch Null (letzte Stelle im Code ist immer hoch Null)
= 1 (Ein beliebiger Wert hoch Null ist immer 1)
Ergebnis 1 multiplizieren Sie mit eins aus dem Code. (Die letzte Stelle der Zahlenfolge)

- Sie erhalten 1 und notieren diese Zahl.

Weiter mit der vorletzten Zahl 0:
Sie rechnen:
2 hoch 1 = 2
2 x 0 = **0**

- Sie erhalten 0 und notieren diese Zahl.

Weiter mit der drittletzten Zahl 1:
2 hoch 2 = 4
4 x 1 = **4**

- Sie erhalten 4 und notieren diese Zahl.

Weiter mit der ersten Zahl 1:
2 hoch 3 = 8
8 x 1 = **8**

- Sie erhalten 8 und notieren diese Zahl.

Nun addieren Sie alle Einzelziffern und erhalten 13, was das Ergebnis ist. Zum veranschaulichen noch einmal folgende Tabelle („^“ steht für Potenz, 4^3 bedeutet 4^3):

	1	0	0	1	0
	2^4	2^3	2^2	2^1	2^0
Ergebnis:	16	8	4	2	1
Rechne:	16x1	8x0	4x0	2x1	1x0
Wert:	16	0	0	2	0

Addition: 18

	1	0	1	1	1
	2^4	2^3	2^2	2^1	2^0
Ergebnis:	16	8	4	2	1
Rechne:	16x1	8x0	4x1	2x1	1x1
Wert:	16	0	4	2	1

Addition: 23

Allgemeiner Hinweis:

Im Internet können Sie sich auch diversen Programmen zur Umrechnung bedienen, sodass Sie den Binärcode schnell umwandeln können.

1. Wie spät ist es?

___:___

Tipp1: Die Zeit verläuft in eine Richtung.
Tipp2: Der Zeitpunkt muss durch eine Markierung dargestellt werden.
Tipp3: Es gibt 2 verschiedene Symbole, so wie es Stunden und Minuten gibt.
Tipp4: Die Teilung von 60 durch 8 ist unpraktisch.
Tipp5: Würde man 60 Minuten in zwölf Teile zerlegen, dann stünde jeder Teil für 5 Minuten.
Prüfung zur Lösung: Die Summe der einzelnen Ziffern ist 13.
Lösung: Es ist dreizehn Uhr und fünfundvierzig Minuten. Die dicken Linien stellen die Stunden dar und die dünnen Linien die Minuten. Eine andere Zuordnung wäre unpraktisch. Der Pfeil zeigt das Vergehen der Zeit an. Somit ist links der Trennlinie die vergangene Zeit und die Trennlinie ist der aktuelle Zeitpunkt.

2. Welche Stadt ist gesucht?

Eine Weltkarte ist hilfreich.

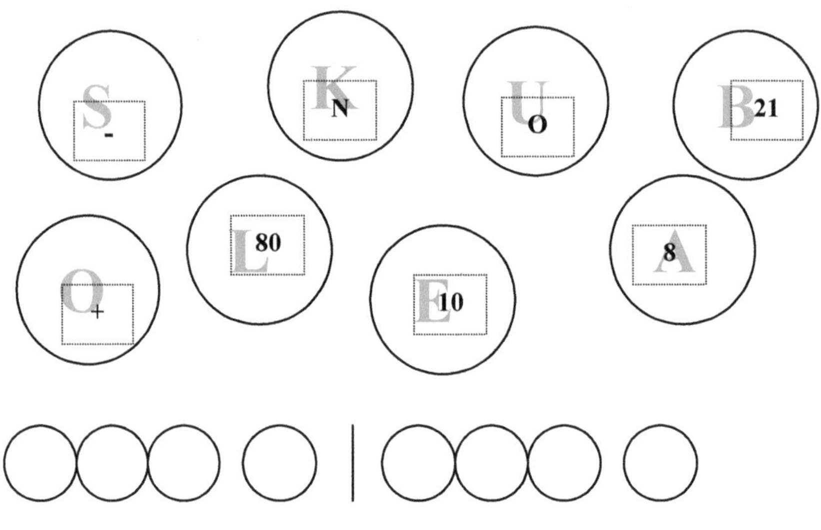

....

Tipp1: Die grauen Buchstaben können in 2 Gruppen geteilt werden.
Tipp2: Eine zweidimensionale Darstellung benötigt 2 verschiedene Werte.
Tipp3: Jede Kategorie hat ein Rechenzeichen, ein Buchstaben und zwei Zahlen.
Tipp4: Es gibt Selbstlaute und Mitlaute.
Tipp5: Längen-, und Breitengrade kann man im Atlas finden.
Prüfung zur Lösung: Die Differenz beider Zahlen ist 41.
Lösung: Die Lösung ist Stockholm. Die Koordinaten sind: 18. Längengrad Osten und 59. Breitengrad Norden. Die Kreise, welche mit einem Selbstlaut markiert sind, bilden ein Plus ab. Somit werden die beiden Zahlen (bei A und E) addiert. Der Buchstabe „O" steht für östlichen Längengrad. Die Mitlaute bilden den Buchstaben „N" ab. Außerdem werden die Zahlen subtrahiert, sodass der 59. Breitengrad errechnet wird.

3. Welche Lösungszahl ist gesucht?

Hinweis: 1101 + 1001 = 10110.

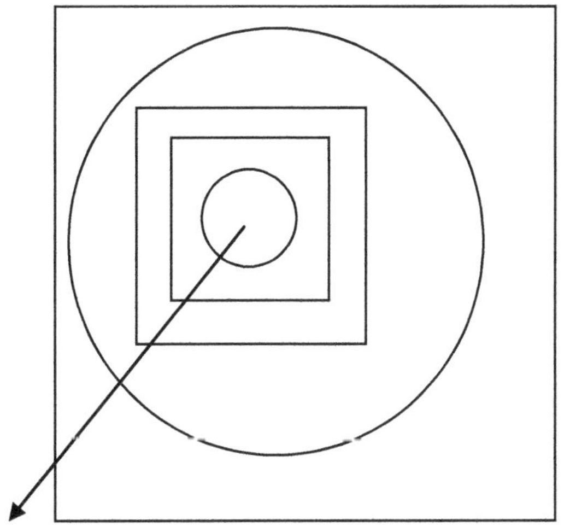

....

Tipp1: Es gibt 2 verschiedene geometrische Figuren.
Tipp2: Der Binärcode ist der Schlüssel.
Tipp3: Im Zweifel immer in Pfeilrichtung lesen und schreiben.
Tipp4: Es ist unsinnig beim Binärcode mit einer Null zu beginnen.
Tipp5: Gesucht ist ein fünfstelliger Binärcode.
Prüfung zur Lösung: Die Quersumme ist 4.
Lösung: Die Zahl zweiundzwanzig. Der Kreis steht für die Null und das Viereck für die Eins. Klar ist dies durch den Hinweis, dass das Viereck größer als der Kreis ist. Gelesen wird in Pfeilrichtung. Das ist schlüssig, da der Pfeil eine mögliche Weiterführung andeutet. Im Binärcode ist eine Weiterführung nur in die höheren Stellen möglich. Somit ist der Code: 10110.

4. Wie ist die Kombination des Zahlenschlosses?

Das Zahlenschloss hat 1000 mögliche Zahlenkombinationen.

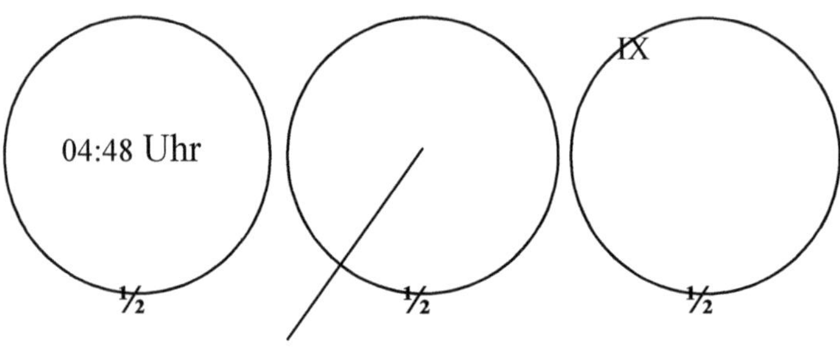

....

Tipp1: Es gibt 3 Zahlenräder, welche jeweils 10 Möglichkeiten haben.
Tipp2: Kreis und Zahlenrad haben die gleiche Form.
Tipp3: Eine Uhr kann, aufgrund der 12 Zahlen, in 12 Bereiche gegliedert werden.
Tipp4: Bei ½ ist die Hälfte der Uhr sowie auch die Hälfte des Zahlenrades.
Tipp5: Teilen Sie jedes Zahlenrad in 10 gleiche Teile, um die Ziffer ablesen zu können.
Prüfung zur Lösung: Sie erhalten 1, wenn Sie die erste Ziffer zur zweiten addieren und die dritte Ziffer abziehen.

Lösung: Die Ziffern sind: vier, sechs und neun. Sie teilen jeden Kreis in 10 Teile. Überall steht unten ½. Dort ist die Hälfte der Ziffern, also 5, platziert. Den Rest zählen Sie im Uhrzeigersinn ab. Um Zeit und das Zahlenrad anzupassen, müssen beide auf die gleiche Verteilung, also zehntel, gebracht werden. Eine Stunde und 12 Minuten sind ein Zehntel von 12 Stunden. Der erste Kreis zeigt 4:48 Uhr und steht somit für 4/10 des Ziffernblattes, also 4. Im zweiten Kreis zeigt der Strich direkt die entsprechende Position. Die 6 ist erkennbar. Im dritten Kreis ist die Neun als römische Zahl und an der richtigen Stelle geschrieben. Dies ist auch noch als Hinweis für die anderen Kreise und die Zahlenanordnung zu werten.

5. Entschlüsseln Sie die Klopfzeichen an der Tür?

> *Klopf Klopf*

> Bewohner: Wer ist da?

> *Klopf Klopf Klopf*

> Bewohner: Sagen Sie Ihren Namen!

> *Klopf Klopf*

> Bewohner: Ich öffne nicht, wenn ich Sie nicht kenne.

> *Klopf Klopf Klopf Klopf*

> Bewohner: Glauben Sie Wirklich, dass ich nachgebe? Ich öffne nicht, wenn Sie mir nicht antworten.

> *Klopf Klopf Klopf Klopf Klopf Klopf Klopf*

> Bewohner: OK, ich lasse Dich rein.

....

Tipp1: Das erste Klopfen ist außer Wertung. Es dient nur der Kontaktaufnahme.
Tipp2: Die Anzahl des Klopfens ist immer auf die Aussage davor abgestimmt.
Tipp3: Der Inhalt des Gesagten ist nicht entscheidend.
Tipp4: Achten Sie auf die Satzzeichen.
Prüfung zur Lösung: -
Lösung: Besucher und Bewohner haben sich abgestimmt. Wenn der Bewohner eine Frage stellt, dann wird daraufhin dreimal geklopft. Bei Aussagesätzen wird viermal und bei Ausrufesätzen zweimal geklopft. Da in der vorletzten Aussage zwei Sätze gesprochen werden, werden die Klopfzeichen entsprechend addiert. Somit ist dem Bewohner klar, dass es sich um den Code handelt.

6. Welche Uhrzeit ist gesucht?

Ein rechtwinkliges Dreieck zeigt die Lösung.
Das Ergebnis wird auf volle 5-minütige Schritte abgelesen.

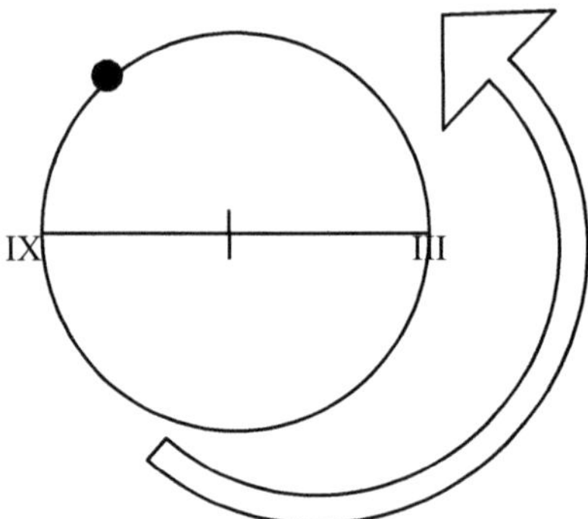

....

Tipp1: Zeichnen Sie ein rechtwinkliges Dreieck mit den gegebenen Möglichkeiten.
Tipp2: Der Minutenzeiger ist immer größer als der Stundenzeiger.
Tipp3: Die Linien vom Dreieck sind an der falschen Stelle.
Tipp4: Der runde Pfeil weist in die Richtige Richtung im Dreieck.
Tipp5: Die Linien vom Dreieck sind die Zeiger der Uhr.
Prüfung zur Lösung: Sie erhalten 300, wenn Sie die Stunden (12 Stundenuhr) mit den Minuten multiplizieren.
Lösung: Es ist sechs Uhr und fünfzig Minuten. Jedes Dreieck, welches von den Endpunkten des Durchmessers gezeichnet wird und den Kreis mit der Spitze berührt, ist rechtwinklig. Der Kreis weist nur einen markanten Punkt auf. Mit diesem Punkt und den Enden des Durchmessers zeichnen Sie das erforderliche Dreieck in den Kreis hinein. Die neuen Seiten des Dreieckes sind der große und der kleine Zeiger. Der halbrunde Pfeil zeigt die Richtung, in welche die Spitzen der Zeiger gerichtet sind. Sie können ihn nur richtig deuten, wenn Sie die Linien noch im Dreieck betrachten. Sie verschieben die Zeiger entsprechend zum Mittelpunkt und lesen die Zeit, gerundet auf 5 Minuten, ab.

7. Wie viel Menschen wohnen in dem Haus?

Ca. vor vierzig jahren ist das haus fertig gestellt worden. gleich nach dem bau war schon die hälfte des hauses bewohnt. naCh ein paar jahren sind dreiviertel der wohnungen belegt gewesen. in den Letzten jahren zogen nur zehn personen wieder aus. Immerhin wohnen jetzt sehr Viele familien in dem haus. das sind die treuesten mieter.

....

Tipp1: Die Lösung kann gesehen werden.
Tipp2: Manchmal ergeben sich Lösungen nicht aus dem Inhalt.
Tipp3: Römische Zahlen können helfen.
Tipp4: Die Groß- und Kleinschreibung ist nicht willkürlich gewählt.
Prüfung zur Lösung: Die Quersumme des Ergebnisses ist 11.
Lösung: Es wohnen zweihundertvierundfünfzig Personen im Haus. Im Text sind nur wenige Buchstaben groß geschrieben. Wenn Sie diese herausschreiben, dann ergibt sich die römische Zahl: CCLIV. Unklar könnte nur die Reihenfolge der letzten beiden Buchstaben sein, nämlich IV oder VI. Da sich die anderen Stellen an die Leserichtung des Textes halten liegt es nahe, dass dies auch bei den letzten beiden Buchstaben so ist.

8. Welche Stadt ist gesucht?

1. Alle A sind B. Alle C sind nicht B.
J) Alle B sind C.
W) Kein C ist A.
B) Kein A ist kein B.
K) Alle B sind A.

2. Alle F sind nicht M. Einige K sind F. Einige W sind nicht P.
O) Alle K sind auch M.
I) Einige K sind nicht M.
E) Kein F ist M.
H) Nicht P sind einige W.

3. Kein V ist kein J. Alle J sind nicht G. Einige G sind nicht F.
N) Alle J sind nicht V.
F) Kein V ist nicht G.
R) Kein J ist nicht F.
E) Alle V sind nicht G.

4. Alle Q sind nicht T. Kein T ist auch kein L.
L) Alle Q sind nicht L.
M) Kein Q ist nicht L.
A) Einige T sind L.
N) Alle T sind L.

....

Tipp1: Die Stadt hat vier Buchstaben.
Tipp2: Die richtige Reihenfolge wird durch Zahlen gezeigt.
Tipp3: Es können mehrere Lösungen stimmen.
Tipp4: Die Buchstaben der richtigen Lösung helfen.
Tipp5: Lösen Sie die logischen Schlüsse.
***Prüfung zur Lösung:** Addiert man die Positionen der Buchstaben im Alphabet, dann erhält man 51.*

Lösung: Wien ist die Stadt. Bei Erstens sind W und B richtig. Bei Zweitens sind I, E und H richtig. Bei Drittens ist E und bei Viertens N richtig. Die Lösung kann daraus geschlossen werden.

9. Welche Zahl ist gesucht?

Text und Zahlen bilden eine Einheit.

1. 101000
2. 000110
3. 011101
4. 001001

Ein Mann geht ins Casino und verliert beim ersten Spiel die Hälfte des Geldes. Danach gewinnt er 150€. Infolgedessen verliert er 300€ beim Roulette. Er geht zum Black Jack und gewinnt knapp 50€. Beim letzten Spiel verliert er die Hälfte seines Geldes und geht nach Hause.

....

Tipp1: Der Text sagt was Sie tun müssen.
Tipp2: Was müssen Sie mit den 4 Zahlen nacheinander machen?
Tipp3: Was dem Casinobesucher mit seinem Geld passiert kann in einer Kettenaufgabe geschrieben werden.
Tipp4: Es gibt 5 Rechenschritte und vier Zahlen.
Tipp5: Was dem Mann passiert wenden Sie auf die Zahlen an.
Prüfung zur Lösung: Die Lösungszahl hat 4 Buchstaben und ist eine Primzahl.
Lösung: Die Lösungszahl ist die Drei. Lösen Sie zunächst die Binärcodes. Die Zahlen bleiben in der Reihenfolge stehen, was durch die Nummerierung zu schlussfolgern ist. Es ergibt sich eine Kettenaufgabe. Die Rechenzeichen entnehmen Sie dem Text. Im ersten Schritt halbieren Sie die Zahl 40. Danach addieren Sie die Zahl 6. Daraufhin subtrahieren Sie die 29. Danach addieren Sie 9. Im letzten Schritt teilen Sie durch 2 und haben das Ergebnis.

10. Welches Viereck ist gesucht?

Zahlen können Muster bilden.

1: 124	3: 68	5: 68	7: 0
2: 68	4: 0	6: 0	8: 124

6)								
8)								
3)								
2)								
5)								
1)								
7)								
4)								

....

Tipp1: Es gibt verschiedene Arten der Zahlendarstellung.
Tipp2: Der hilfreichste Code ist der Binärcode.
Tipp3: Für ein Muster müssen die Zahlen irgendwie übertragen werden.
Tipp4: Die Beschriftung zeigt die richtige Zeile der Zahlen.
Tipp5: Tragen Sie den Binärcode der Zahlen in die entsprechende Zeile ein.
Prüfung zur Lösung: Der Name der Lösung hat 3 Selbstlaute.
Lösung: Die Figur ist ein Quadrat. Wandeln Sie jede Zahl in einen Binärcode um und schreiben Sie diesen hinter die richtige Ziffer. Die Position der Einsen stellt ein Quadrat dar.

11. Welcher Name ist gesucht?

1	+	17			=	-1
		-		+		
	-	10		3	=	12
/		+				
3			+		=	11
=		=		=		
5				30		

....

Tipp1: Lösen Sie die Aufgabe zuerst mathematisch.
Tipp2: Keine Lösungszahl darf größer als 26 sein.
Tipp3: Allein die Lösungszahlen zeigen den Namen.
Tipp4: Die Zahlen stehen für Buchstaben.
Tipp5: Ein Buchstabe ist zu viel.
Prüfung zur Lösung: Der einzige Selbstlaut des Wortes ist ein A.

Die Lösung ist Hans. Lösen Sie die Aufgabe auf. Die Lösungszahlen stehen für Buchstabenpositionen im Alphabet. 8=H, 1=A, 14=N, 19=S. Der Buchstabe H ist doppelt vorhanden und wird nur einmal gebraucht.

1	+	17	-	19	=	-1
+		-		+		
14	-	10	x	3	=	12
/		+		+		
3	x oder /	1	+	8	=	11
=		=		=		
5		8		30		

12. Welche europäische Stadt ist gesucht?

/#/#/# | ##//##　　　　Summe: 5

....

Tipp1: Es gibt 2 Codes für 2 Koordinaten.
Tipp2: Jede Zahl besteht aus nur 2 verschiedenen Symbolen.
Tipp3: Die Summe hilft bei der Zuordnung.
Tipp4: Der Binärcode ist der Schlüssel.
Tipp5: Die Summe ist die Gesamtheit der Zahlen mit Wert.
Prüfung zur Lösung: Addieren Sie beide Koordinaten. Das Ergebnis ist durch 9 teilbar.
Die Lösung ist Rom. Es sind zwei Zahlen, getrennt durch das Symbol „ | ". Beide Zahlen sind mit dem Binärcode geschrieben. Die Symbole sind zwar anders, lassen sich aber, durch die Summe, zuordnen. Die Summe ist die Gesamtheit aller Einsen im Code. Es muss also nur geprüft werden welches Symbol fünfmal vorhanden ist. Jetzt wird der Code gelöst und Sie erhalten die Koordinaten: 42 | 12.

13. Welche Jahreszahl ist gesucht?

Die Kettenaufgabe hat nur eine Funktion.

Mit drei multiplizieren Sie die Hälfte **X**	**M**
der Summe von fünf und sieben. **C**	**I**
Zu diesem Ergebnis addieren Sie minus vier, **VI**	
nachdem Sie neun addicrt haben. **L**	

....

Tipp1: Der Text lässt eine Kettenaufgabe entstehen.
Tipp2: Die Reihenfolge der Textblöcke ist nicht die Reihenfolge der Rechenoperationen.
Tipp3: Die römischen Zahlen geben die richtige Antwort.
Tipp4: Es gibt nur eine Zuordnung für das unbeschriebene Feld.
Tipp5: Setzen Sie die Textfelder so zusammen, dass die Rechnung durchgeführt werden kann.
Prüfung zur Lösung: Die Quersumme der Zahl ist 20.

Die Lösung ist das Jahr neunhundertsiebenundvierzig. Die Berechnung der Aufgabe ist in einer bestimmten Reihenfolge vorgesehen. In dieser Reihenfolge müssen die römischen Ziffern geschrieben werden. Da die Ziffer VI enthält, kann das letzte freie I nur dahinter stehen. Die Kettenaufgabe lautet: (5+7(C))/2(M)x3(X)+9(L)+(-4)(VI)(I)

14. Welche ungerade Zahl ist gesucht?

Die Neun steht nicht neben den Zahlen sechs und fünf.
Die Fünf steht nicht neben den Zahlen vier und zwei.
Die Vier steht nicht neben den Zahlen zwei und sechs.

....

Tipp1: Notieren Sie alle vorhanden Zahlen.
Tipp2: Beginnen Sie mit der Zahl, welche nur einen Nachbar haben kann.
Prüfung zur Lösung: Sie erhalten 9853, wenn Sie die Zahl durch die letzte Ziffer teilen.
Die Lösung ist vier-neun-zwei-sechs-fünf. Zuerst notieren Sie die 5. Da diese 3 Nachbarn ausschließt, folgt daneben die 6. 4 und 9 stehen nicht neben der 6, weshalb Sie die 2 notieren. Die 4 steht nicht neben der 2, daher schreiben Sie 9 und 4. Da das Ergebnis ungerade ist, gibt es nur eine richtige Lösung.

15. Welche europäische Stadt ist gesucht?

B:

1	1	4	6	1	9	8	4	1
4	3	6	2	9	7	2	3	4
6	5	4	2	8	5	4	3	1
8	2	7	5	0	5	7	2	1
0	1	6	3	1	4	6	2	8
6	4	4	5	9	5	3	2	6
9	6	1	1	4	8	9	1	4
8	4	0	1	6	9	8	1	9

L: 2

1	6	9	1	1	1	1	1	6
1	8	8	1	2	3	5	1	9
1	9	9	1	1	1	7	1	8
1	6	4	1	2	3	7	1	6
1	1	6	1	5	1	1	1	6
1	4	4	1	5	2	2	1	4
1	4	4	1	1	1	1	1	1
4	4	4	4	4	8	9	9	4

....

Tipp1: Das rechte Feld zeigt den Längengrad und gibt Aufschluss über den Code.
Tipp2: Das rechte Feld lässt ein Muster erkennen.
Tipp3: Primzahlen sind der Schlüssel zur Lösung.
Tipp4: Die Einsen im rechten Feld deuten etwas an.
Tipp5: Markieren Sie alle Primzahlen.
Prüfung zur Lösung: Die Stadt hat 5 Buchstaben.
Die Lösung ist Paris mit den Koordinaten: 49 | 2. Die Primzahlen sind so verteilt, dass die Form der Anordnung die Lösung ist. Im zweiten Feld kann das Muster erkannt werden, da die Primzahlen mit den Einsen komplett umgeben sind. Die Form der 2 ist ersichtlich. Bitte bedenken Sie, dass die Eins keine Primzahl ist und die 2 ist eine.

16. Welche 4-stellige Zahl ist gesucht?

Leerzeichen zählen nicht mit.

1000. Die elf ist die kleinste Primzahl, welche zweistellig ist.
100. Hat eine Zahl die Quersumme neun, dann ist diese auch dadurch teilbar.
10. Der römische Buchstabe der Zehn ist X.
1. Die zwei ist die kleinste Primzahl.

....

Tipp1: Der Hinweis (Leerzeichen zählen mit) sagt was zu tun ist.
Tipp2: Eine 4-stellige Zahl hat eine 1000-er, eine 100-er, eine 10-er und eine 1-er Stelle.
Tipp3: In jedem Satz steht eine Zahl.
Tipp4: Die Zahl eines Satzes und der anfängliche Hinweis sind der Schlüssel zur Lösung.
Tipp5: Sie müssen wissen an welcher Stelle ein Buchstabe im Alphabet steht.
Prüfung zur Lösung: Die Zahl ist durch neun teilbar.

Die Lösung ist neuntausendeinhundertneunundachzig. Jeder Satz bezieht sich auf eine Zahl. Wenn Sie diesen Wert einfach in jedem Satz abzählen, was durch den anfänglichen Hinweis geschlussfolgert werden kann, treffen Sie immer auf einen Buchstabe. Die Position des Buchstaben im Alphabet ist der Wert der Zahl.

17. Welche Uhrzeit ist gesucht?

Die dicke Linie
Ist der Schlüssel.

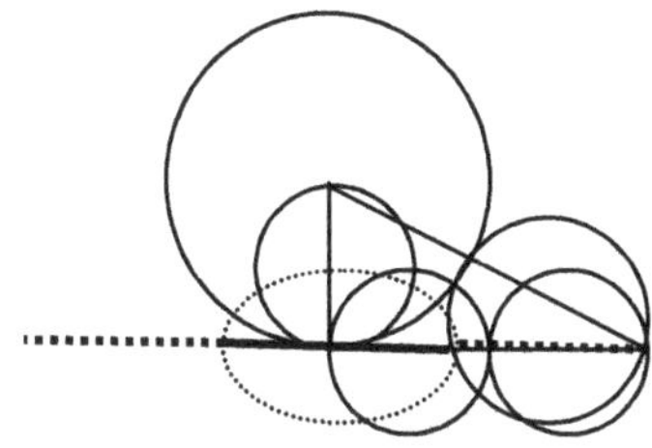

1322131222131141131

Tipp1: Die Zeit steht direkt in der Zahlenreihe.
Tipp2: Die geometrische Zeichnung zeigt den richtigen Zahlenbereich.
Tipp3: Der goldene Schnitt von beiden Seiten.
Tipp4: Die längeren Strecken des goldenen Schnittes überschneiden sich bei der richtigen Zeit.
Tipp5: Von links und von rechts den goldenen Schnitt abtragen.
Prüfung zur Lösung: Die Summe der einzelnen Ziffern ist 7.
Die Lösung ist zwölf Uhr und zweiundzwanzig Minuten. Der goldene Schnitt einer Strecke kann berechnet oder konstruiert werden. Die geometrische Figur ist die Konstruktion des goldenen Schnittes. Das muss erkannt werden. Die gestrichelte Ellipse gehört nicht zu der Konstruktion, sondern ist ein Hinweis zur Lösung. Sie stellt den Bereich dar, in welchem sich beide längeren Strecken überschneiden. Einfacher ist die mathematische Lösung. Beim goldenen Schnitt ist eine Strecke 61,8% und die andere 38,2% der Gesamtstrecke lang. Der Bereich, in welchem sich die beiden 61,8% Strecken von links und rechts überschneiden, ist der gesuchte Bereich.

18. Welche vergangene Jahreszahl ist gesucht?

In einem Code können nützliche Informationen mit überflüssigen Informationen verschleiert werden.

AYKCVQNUIXPZTCSWDJWICKRUMCA

....

Tipp1: Nur manche Buchstaben sind wichtig.
Tipp2: Zahlen können mit Buchstaben dargestellt werden.
Tipp3: Die richtigen Buchstaben können nur in einer Kombination geschrieben werden.
Tipp4: Römische Zahlen sind die Lösung.
Prüfung zur Lösung: Die Quersumme des Ergebnisses ist 25.
Die Lösung ist das Jahr eintausendachthundertsiebenundneunzig. Es müssen alle Buchstaben herausgesucht werden, welche eine römische Ziffer darstellen. Die Zahlen sind so ausgewählt, dass sie nur in einer Kombination geschrieben werden können.

19. Welche Zahl ist gesucht?

10100 XIII I XII 11 IV XXI XVIII III VIII 1010
XVI XII XXI XIX 10101 XIII IX XIV XXI XIX 1001

....

Tipp1: Binärcode und römische Zahlen haben jeweils eine Aufgabe.
Tipp2: Es ist eine Kettenaufgabe.
Tipp3: Die Rechenzeichen sind als Worte versteckt.
Tipp4: Sie müssen wissen an welcher Stelle im Alphabet die Buchstaben stehen.
Tipp5: Mit den Zahlen des Binärcodes muss gerechnet werden.
Prüfung zur Lösung: Das Ergebnis ist durch 6 teilbar.

Die Lösung ist achtzehn. Im Code ist eine Kettenaufgabe versteckt. Der Binärcode stellt die Zahlen dar und die römischen Ziffern die Rechenzeichen als geschriebenes Wort. Nach der Auflösung erhalten Sie folgende Aufgabe: 20x3/10+21-9=18

20. Welcher Schlüssel passt in welches Auto?

Sie haben 3 Schlüssel und ein Bild eines Parkplatzes. Darauf sind alle Autos mit deren Autonummer auf dem Dach abgebildet.

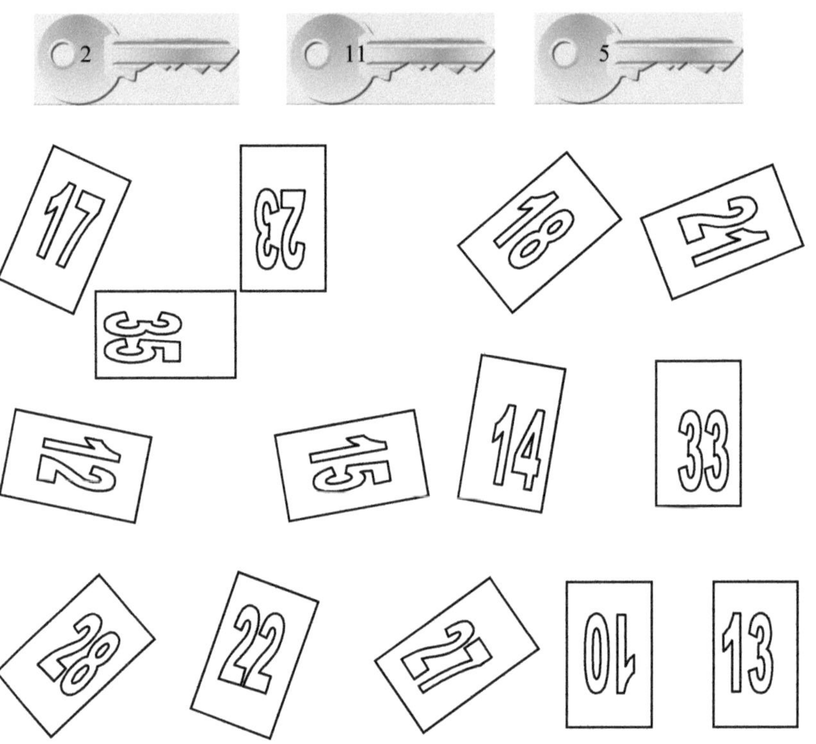

Tipp1: Schlüssel und Autonummer sind aufeinander abgestimmt.
Tipp2: Es gibt verschiedene Arten von Zahlen.
Tipp3: Das passende Auto lässt sich nicht berechnen.
Tipp4: Auf den Schlüsseln sind nur Primzahlen abgebildet.
Tipp5: Sortieren Sie die Zahlen der Schlüssel und die Zahlen der Autos.
***Prüfung zur Lösung:** Die Summe aller Autos ist 53. Die Autos vom kleinsten und größten Schlüssel haben eine 3 in ihrer Nummer.*

Die Lösung ist: Schlüssel 2 passt zur 13, Schlüssel 5 passt zur 17 und Schlüssel 11 passt zur 23. Die Zahlen der Schlüssel sind Primzahlen. Unter den Autos gibt es 3 Stück, welche auch Primzahlen haben. Beides sortieren Sie nach der Größe und ordnen zu. Dieses Vorgehen liegt nahe, da es keine anderweitigen Hinweise gibt.

21. Welche Uhrzeit ist gesucht?

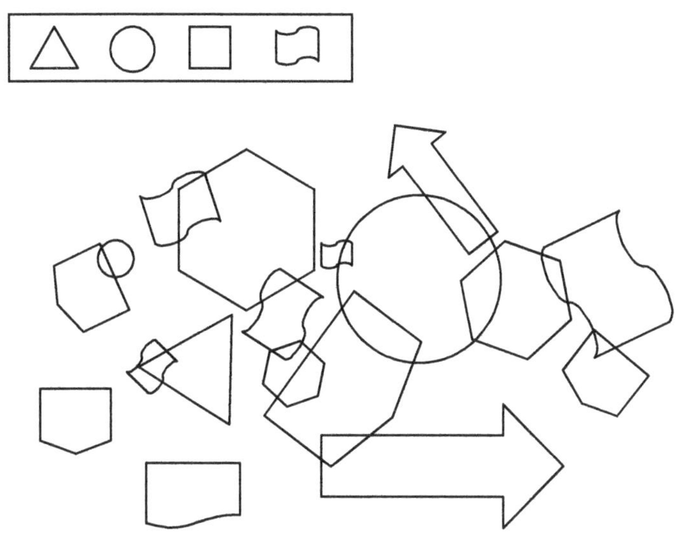

....

Tipp1: Es muss gezählt werden.
Tipp2: Die Symbole der Schablone sind teilweise in dem Gemenge von Zeichen zu finden.
Tipp3: Die passende Form muss zum passenden Symbol.
Tipp4: Die Größe ist irrelevant.
Tipp5: Zählen Sie die passenden Formen.
Prüfung zur Lösung: Addieren Sie alle Zahlen der Uhrzeit, dann erhalten Sie 8.
Die Lösung ist: zwölf Uhr und fünf Minuten. Es gibt ein Dreieck, 2 Kreise und 5 Fahnen. Kein Viereck bedeutet Null. Werden die Zahlen in die Schablone geschrieben, dann ist die Uhrzeit zu lesen.

22. Welche ganze Zahl ist gesucht?

Die Regel Punktrechnung vor Strichrechnung entfällt.

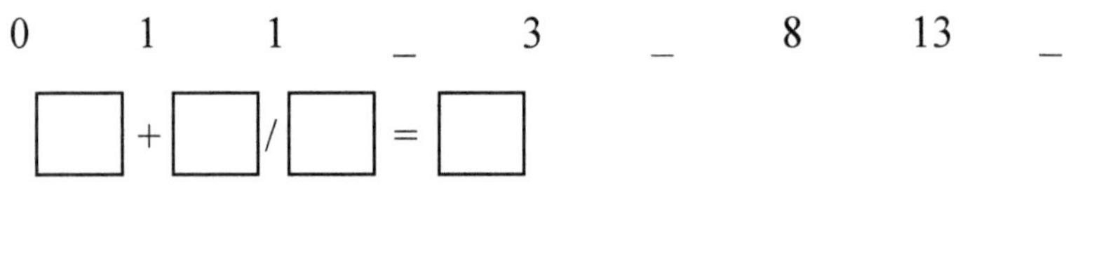

Tipp1: Es gibt ein System in der Zahlenfolge.
Tipp2: Zahlenfolge für Wachstumsvorgänge in der Natur.
Tipp3: Leornardo Fibonacci.
Tipp4: Die Lösung ist eine ganze Zahl.
Tipp5: Es gibt nur eine mögliche Verteilung der Zahlen.
Prüfung zur Lösung: Die Quersumme des Ergebnisses ist 4.
Die Lösung ist die Dreizehn. Die Zahlenfolge ist die bekannte Fibonacci Zahlenfolge. Die gesuchten Zahlen sind die 2, 5 und 21. Die Zahlen können nur in einer bestimmten Verteilung eingesetzt werden, damit eine ganze Zahl errechnet wird: 5+21/2=13.

23. Welche Stadt ist gesucht?

Hinweis: Strecken der Geometrie.

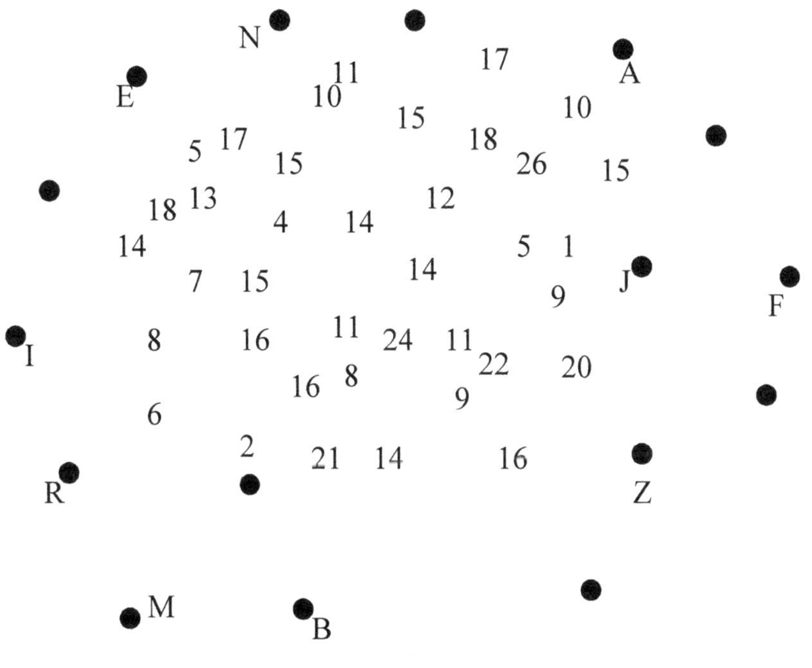

....

Tipp1: Es ist eine geometrische Lösung.
Tipp2: Die korrekten Strecken verweisen auf die Lösungszahlen.
Tipp3: Streckenbezeichnungen sind im Normalfall 2 aufeinanderfolgende Buchstaben.
Tipp4: Im markierten Viereck sind die richtigen Zahlen.
Tipp5: Zahlen können für Buchstaben stehen.
Prüfung zur Lösung: Der Stadtname hat 4 verschiedene Buchstaben, wovon 2 doppelt sind.
Die Lösung ist London. Verbinden Sie die Strecken M|N, A|B, E|F und I|J. Einen anderen Zusammenhang der Buchstaben gibt es nicht. Es ist Standard, dass die Bezeichnung einer Strecke zwei aufeinander folgende Buchstaben sind. Es entsteht ein Viereck mit den Zahlen: 12,15,14,4,15,14 drinnen. Diese Zahlen stehen für die Buchstaben des Lösungswortes.

24. Welches Jahr n. Chr. bilden die Säulen ab?

Ein bestimmter Fluss hilft zu Beginn.

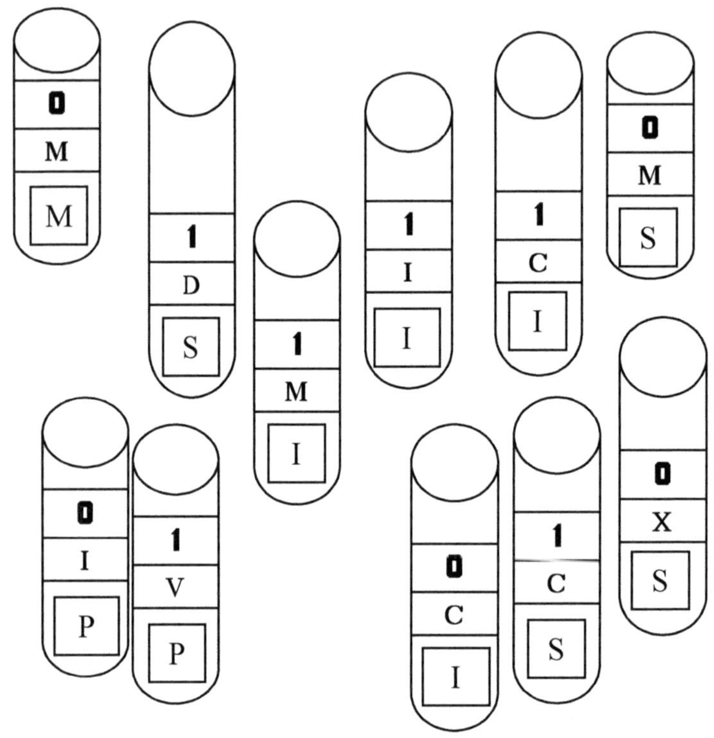

Tipp1: Die Höhe der Säulen ist unwichtig.

Tipp2: Jede Säule hat 3 Kategorien von Angaben, die alle wichtig sind.

Tipp3: Der Flussname muss zuerst erkannt werden.

Tipp4: Auch die römischen Zahlen müssen, wie die Buchstaben, sinnvoll kombiniert werden.

Tipp5: Der Binärcode ergibt sich aus dem Namen und der römischen Zahl.

Prüfung zur Lösung: Die Quersumme der Jahreszahl ist 19.

Die Lösung ist sechshundertfünfundachtzig. Man muss zuerst die Säulen in die richtige Reihenfolge setzen, damit der Binärcode gelesen werden kann. Hierzu hilft der Name des Flusses: Mississippi. Da hierbei nicht alle Säulen restlos aufgeteilt werden können, ergänzt die römische Zahl. Diese lautet: MMMDCCXCVII. Es gibt nur eine Anordnung der Säulen, wenn man sich an dem Name des Flusses sowie den Regeln zur Bildung römischer Zahlen orientiert. Nach dem richtigen Aufbau kann der Binärcode abgelesen werden. Er lautet: 01010101101.

25. Welche Stadt ist gesucht?

____ ____ ____ ____ ____ ____ ____ ____

....

Tipp1: Die Stadt hat 8 Buchstaben.
Tipp2: Jedes Feld stellt einen Buchstaben dar.
Tipp3: Etwas haben alle Felder gemeinsam.
Tipp4: Einige Symbole sind nicht in jedem Feld.
Tipp5: Die Position der Buchstaben im Alphabet ist wichtig.
Prüfung zur Lösung: Die Stadt hat nur 2 Selbstlaute und ist eine Hauptstadt (Stand: 2016).
Die Lösung ist Schwerin. Die Anzahl der Buchstaben ist an dem Lösungsvordruck unter den Vierecken zu erkennen. Der Haken muss in jedem Feld gezählt werden. Darauf kann man schließen, da jedes Feld einen Buchstaben darstellen muss und nur der Haken in jedem Feld zu finden ist. Da es keine anderen Hinweise gibt, ist dies naheliegend. Es kommen nacheinander die Zahlen: 19,3,8,23,5,18,9 und 14 heraus. Die entsprechenden Buchstaben ergeben die Stadt.

26. Wie ist der Code vom Zahlenschloss?

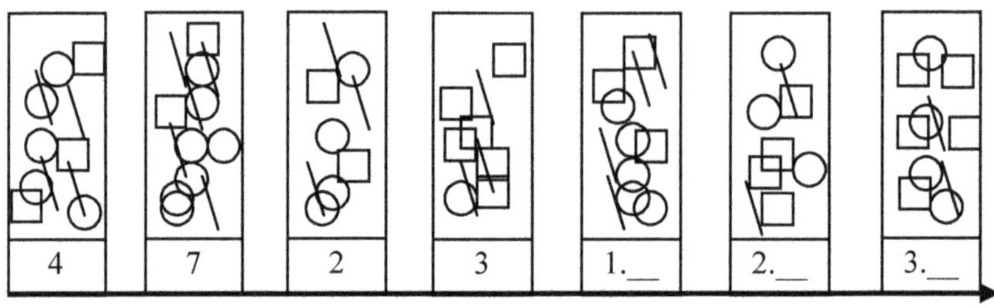

....

Tipp1: Eine Zahlenfolge, welche von links nach rechts zu lesen ist, ist gesucht.
Tipp2: Es gibt einen Zusammenhang in der Zahlenfolge.
Tipp3: Die geometrischen Objekte spielen eine wichtige Rolle.
Tipp4: Die Objekte müssen gezählt werden.
Tipp5: Es gibt 3 verschiedene Objekte, also wiederholt sich die Folge nach der dritten Zahl.
Prüfung zur Lösung: Die Summe der einzelnen Ziffern ist 11.
Die Lösung ist fünf-vier-zwei. Durch den Pfeil ist auf eine fortlaufende Folge zu schließen. Die 4 im ersten Feld zeigt die Anzahl der Striche. Im zweiten Feld sind 7 Kreise und im dritten Feld 2 Vierecke. Dann folgen wieder 3 Striche. Daraus ist zu schlussfolgern, dass im nächsten Feld wieder die Anzahl der Kreise notiert wird. Darauf folgend die Vierecke und danach wieder die Striche. Somit zählen Sie 5 Kreise, 4 Vierecke und 2 Striche.

27. Welche Zahl ist gesucht?

Der Lösungsbereich umfasst ganze Zahlen, welche größer als Null und kleiner als Neun sind.
In den Zeilen und Spalten stehen entsprechende Hinweise, welche die Zahlenverteilung vorschreiben.

	Nachbarn ungleich		Differenz zum Nachbar 1	gerade Zahl	
gerade Zahlen					nach rechts steigend
Summe: 19	**1**			6	
	0			**1**	Summe: 28
Summe: 13				**1**	jede Zahl einmal
	Summe: 8				

....

Tipp1: Die Zahl ist im Binärcode dargestellt.
Tipp2: Die Positionen der Einsen und Nullen müssen herausgefunden werden.
Tipp3: Beginn des Zahlenrätsels mit der ersten Zeile.
Tipp4: Der Binärcode kann eindeutig aufgeschrieben werden, wenn das Rätsel richtig gelöst ist.
Prüfung zur Lösung: Die Quersumme der Zahl ist 2.

Die Lösung ist elf. Der Binärcode ist: 1101. Die Position der Einsen und Nullen entspricht dem Vielfachen der Zahl des Binärcodes. Die letzte Zahl steht immer für 1, die vorletzte Zahl für 2, die dritte Zahl für 4 und die vierte Zahl für 8. Im Folgenden erhalten Sie die Auflösung des Kreuzzahlenrätsels:

2	4	6	8
1	5	7	6
4	8	8	8
1	3	7	2

28. Welche Uhrzeit ist gesucht?

Es ist Vormittag.

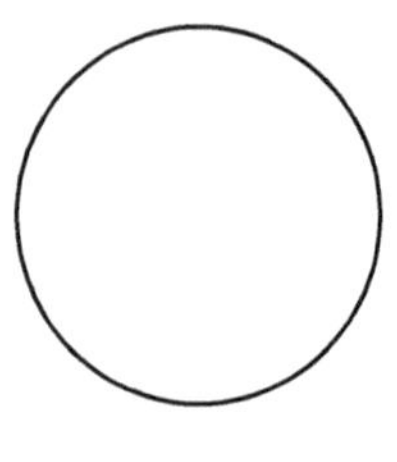

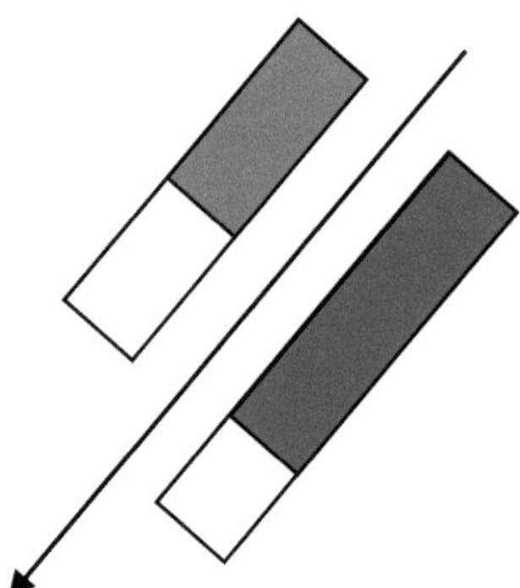

....

Tipp1: Arbeiten Sie mit einer analogen Uhr. (Das zeigt Ihnen der Kreis)
Tipp2: Es gibt einen kleinen und einen großen Zeiger.
Tipp3: Der zeitliche Verlauf wird angezeigt.
Tipp4: Die abgelaufenen Balken müssen auf das Ziffernblatt übertragen werden.
Prüfung zur Lösung: Die Summe aller Zahlen ist 15.

Die Lösung ist sechs Uhr und fünfundvierzig Minuten. Der längere Balken symbolisiert den großen Zeiger und der kürzere Balken den kleinen Zeiger. Der Pfeil zeigt die Richtung, in welche die Zeit vergeht. Der dunkle Bereich im längeren Balken nimmt 75% ein. Demzufolge steht er bei 45 Minuten. Der dunkle Bereich im kleinen Balken endet kurz nach der Hälfte. Um sicher zu gehen könnten Sie mit einem Lineal arbeiten. Sie würden errechnen, dass der kleine und dunkle Balken rund 56% einnimmt. Somit steht dieser auf 6,75. Allerdings lässt sich dies auch einfach abschätzen, da Sie den Stand des großen Zeigers kennen.

29. Welche Stadt ist gesucht?

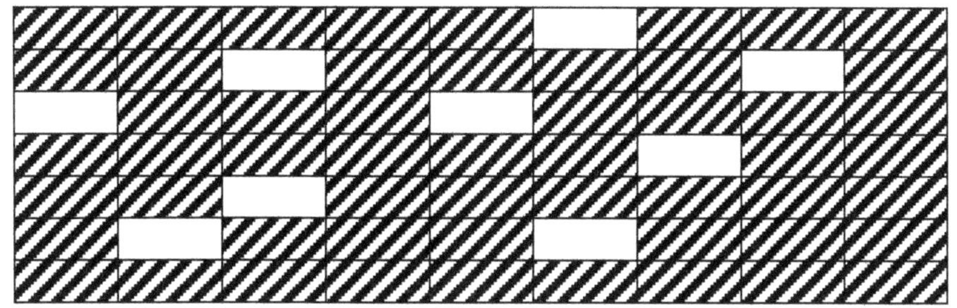

WELKGRVMI
AWOCMTUTQ
TBMVEPOLU
LOTRWSRVC
YADLOPTRE
WAVMBMXDE
YUTROLPKU

....

Tipp1: Es gibt 63 Buchstaben und 63 Felder.
Tipp2: Die Grafik ist ein Dechiffrierschlüssel.
Tipp3: Die Grafik hat durchsichtige und verdeckte Zellen.
Tipp4: Durch die freien Zellen können Buchstaben gelesen werden.
Prüfung zur Lösung: Der Name hat drei Selbstlaute.
Die Lösung ist Rotterdam. Die Schablone müssten Sie auf die Buchstaben legen, damit Sie das Wort lesen können. Aufgrund der verzerrten Größe ist das nicht möglich. Daher zählen Sie einfach die freien Felder ab. In der ersten Zeile der sechste Buchstabe, in der zweiten Zeile der dritte und achte Buchstabe und so weiter.

30. Welche Zahl ist gesucht?

A= wahr B= falsch C= wahr D= wahr

Ergebnis:
w=1 / f=0

16) A und –B =____

08) C oder (Adjunktion) D =____

04) B und C =____

02) –D und A =____

01) –B oder (Kontravalenz) C =____

....

Tipp1: Die Logik hilft bei der Lösung.
Tipp2: Die Worte „und" und „oder" haben gewisse Wahrheitswerte zur Folge.
Tipp3: Den einzelnen Aussagen kann eine 1 oder eine 0, abhängig vom Wahrheitswert, zugeteilt werden.
Tipp4: Die Zahlen vor der Aufgabe beschreiben die Position im Binärcode.
Tipp5: Bei „und" müssen beide Aussagen wahr sein, damit der Satz wahr ist. Bei „oder" gibt es die einschließende(Adjunktion) und die ausschließende (Kontravalenz) Variante.
Prüfung zur Lösung: Die Quersumme ist 6.

Die Lösung ist vierundzwanzig. Die Nummerierung der Formeln zeigt die Position im Binärcode an. 16 und 8 sind wahr und 4, 2 und 1 sind falsch. Das Minus vor den Buchstaben steht für eine Negation. Wenn B falsch ist, dann ist –B wahr. Wie unter dem Punkt: Ergebnis ersichtlich ist, stehen für w die 1 und für f die 0. Es ergibt sich der Binärcode: 11000.

31. Welcher Fluss ist gesucht?

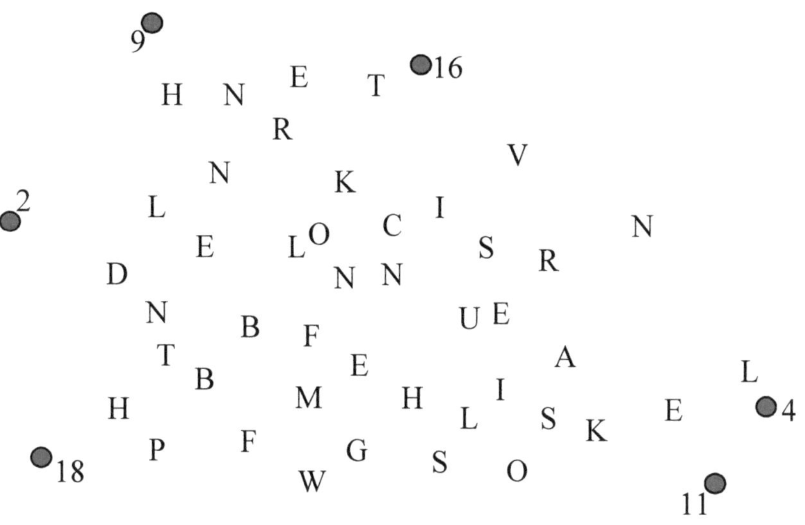

....

Tipp1: Sie müssen 3 Zahlenpaare finden.
Tipp2: Die Differenz der Zahlenpaare ist immer gleich.
Tipp3: Die Linien markieren die Buchstaben.
Tipp4: Die Buchstaben müssen sortiert werden.
Tipp5: Nur eine Linie markiert die Lösung.
Prüfung zur Lösung: Der Fluss hat 6 Buchstaben.
Die Lösung ist Neckar. Es gibt 3 Zahlenpaare, welche immer die Differenz von 2 haben. Die Linie zwischen 9 und 11 kreuzt 6 Buchstaben in ungeordnetem Zustand. Diese müssen sortiert werden.

32. Welche Figur ist gesucht?

Die Figur soll möglichst genau spezifiziert werden.

7 | 9 | 12 | 8 | 10 | 13 °		° 10
6 | 10 | 12 | 13 | 15 °		° 5
-2 | 0 | -3 | -1 | -4 °		° 18
1 | -2 | -4 | -3 | 6 | 4 °		° -64
9 | 3 | 6 | 0 | 0 | -6 | -12 °		° 9
-12 | -9 | -4 | -5 | -3 | 0 °		° 19
4 | 7 | 2 | -1 | -3 | -1 | 3 °		° -2
-2 | 4 | 8 | -16 | -32 °		° 64

....

Tipp1: Zahlen können den Zahlenfolgen zugeordnet werden.
Tipp2: Nicht alle Zahlen/Zahlenfolgen haben einen Partner.
Tipp3: Manche Zahlenfolgen ergeben keinen Sinn.
Tipp4: Es gibt 4 richtige Lösungen.
Tipp5: Zwei Zahlenfolgen haben dieselbe Lösung.
Prüfung zur Lösung: Ein spezielles Viereck.

Die Lösung ist das Trapez. In der ersten Spalte sind Zahlenfolgen, welche größtenteils fortgeführt werden können. Für manche Lösungen gibt es eine Zahl in der zweiten Spalte. Diese müssen mit einem Strich verbunden werden. Nutzen Sie dafür den kleinen Kreis bei den Zahlen. Zuordnung: 1. Formel>5.Zahl, 3. Formel>7. Zahl, 4. Formel>2. Zahl, 6. Formel>2. Zahl. Die Striche der ersten und dritten Formel sind parallel, was somit die beiden Grundseiten des Trapezes sind. Im Folgenden noch die Algorithmen der richtigen Formeln:
1. Formel: +2, +3, -4
3. Formel: +2, -3
*4. Formel: *-2, -2, +1*
6. Formel: +3, +5, -1, +2,
*Die letzte Formel gehört zur 64. Sie rechnen *-2, *2. Jedoch spielt diese Zuordnung für die Figur keine Rolle.*

33. Welche Stadt ist gesucht?

___ ___ ___ ___ ___ ___ ___ ___

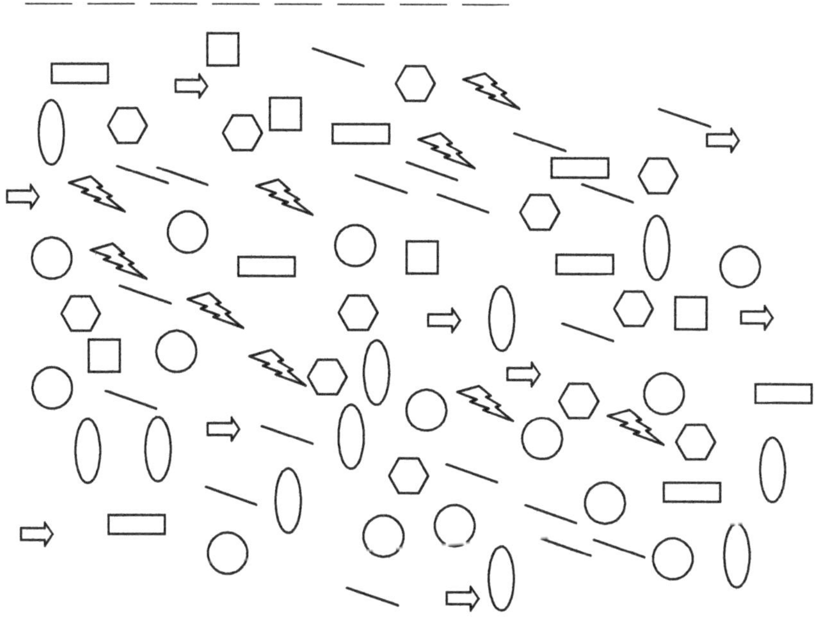

....

Tipp1: Die Stadt hat 8 Buchstaben.
Tipp2: Es sind 8 verschiedene Figuren zu finden.
Tipp3: Die Position von Buchstaben im Alphabet ist wichtig.
Tipp4: Es muss gezählt werden.
Tipp5: Die Buchstaben müssen sortiert werden.
Prüfung zur Lösung: Die Stadt hat 2 verschiedene Selbstlaute.
Die Lösung ist Helsinki. Es gibt 8 Rechtecke, 5 Quadrate, 12 Sechsecke, 19 Striche, 9 Pfeile, 14 Kreise, 11 Ellipsen und 9 Blitze. Die Zahlen beschreiben die Buchstaben anhand ihrer Position im Alphabet. Diese müssen nur noch geordnet werden.

34. Welches Gebäude ist gesucht?

___ ___ ___ ___ ___ ___

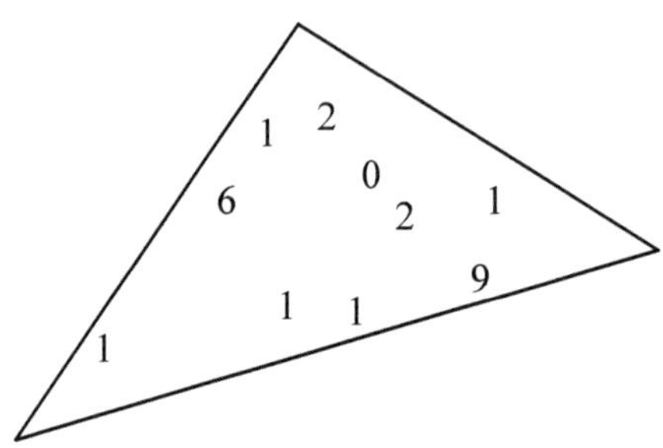

Tipp1: Im Dreieck werden 6 Buchstaben mit Zahlen dargestellt.
Tipp2: Sie benötigen einen geometrischen Ansatz, um das Dreieck in 6 Teile zu zerlegen.
Tipp3: Die 3 Seitenhalbierenden treffen sich alle in einem Punkt.
Tipp4: Nicht jeder Buchstabe ist gleich eindeutig zu erschließen.
Tipp5: Die Buchstaben müssen geordnet werden.
Prüfung zur Lösung: Die Lösung hat einen Selbstlaut, der zweimal vorkommt.
Die Lösung ist Palast. Zeichnen Sie die drei Seitenhalbieren ein. So entstehen 6 Teilbereiche mit 6 Zahlen. Diese Zahlen stellen Buchstaben dar. Ein Bereich, jener mit eins und zwei, kann 2 Buchstaben darstellen. Aufgrund der anderen Buchstaben ist jedoch die 12 zu schlussfolgern.

35. Welches Tier ist gesucht?

Es gibt 4 Zahlenkombinationen mit jeweils 2 Strichen.

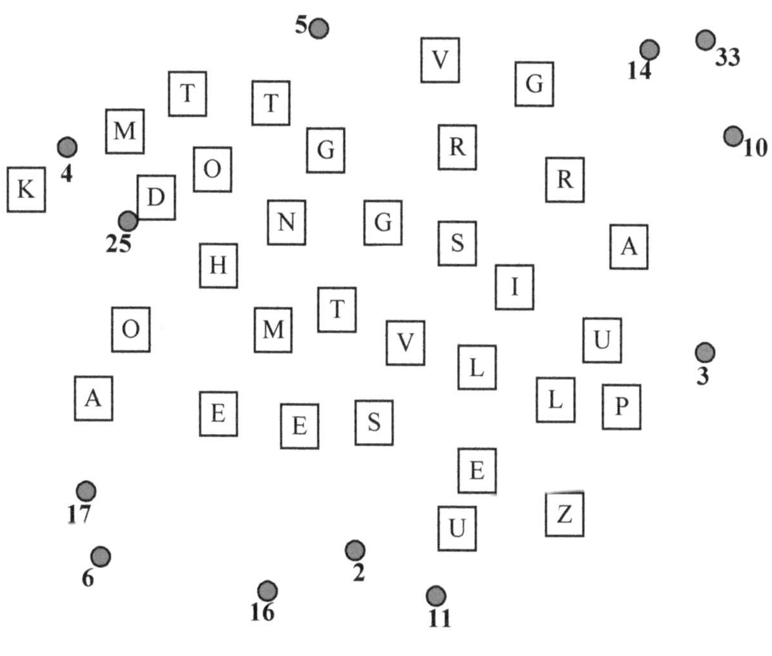

Tipp1: Jede Zahlengruppe besteht aus 3 Zahlen.
Tipp2: Jede Zahlengruppe ist eine Rechenaufgabe.
Tipp3: Summanden werden nicht verbunden.
Tipp4: Das X markiert die Lösung.
Tipp5: Die Buchstaben müssen sortiert werden.
Prüfung zur Lösung: Ein Raubtier mit 5 Buchstaben.

Die Lösung ist Tiger. Es handelt sich um 4 Additionsaufgaben. 2+3=5, 6+4=10, 11+14=25, 16+17=33. Ziehen Sie von den Summanden eine einzelne Linie zur Summe. Einige Linien kreuzen sich auf einem Buchstabenfeld. Diese Felder markieren die Lösung. Es gibt 5 Felder mit den Buchstaben: T, I, G, E und R.

36. Welche Zahl ist gesucht?

Zahlen aus der oberen Reihe sind Partner der Zahlen der unteren Reihe.

4 5 7 6 2 9 12 7 5 9 11 10 1 8

6 39 42 9 12 45 27 48 33 51 3 60

....

Tipp1: Alle Zahlen der unteren Reihe sind ein Vielfaches derselben Zahl.
Tipp2: Alle Zahlen der unteren Reihe sind ein Vielfaches von drei.
Tipp3: Verbinden Sie zusammengehörige Zahlen mit einer Linie.
Tipp4: Einzelne Zahlen der ersten Reihe müssen mit einzelnen Zahlen der zweiten Reihe verbunden werden.
Prüfung zur Lösung: Die Quersumme der Lösung ist 8.
Die Lösung ist siebzehn. In der unteren Reihe stehen ausschließlich Vielfache von 3. Daraus lässt sich schließen, dass die zugehörigen Zahlen der oberen Reihe, multipliziert mit drei, die Zahl der unteren Reihe ergeben. Folgende Paare sind zu finden: 4 und 12, 2 und 6, 9 und 27 (zweimal), 11 und 33, 1 und 3. Wenn Sie diese Zahlen verbinden, dann erkennen Sie eine römische Zahl. Diese ist die Lösung.

37. Wie hoch ist das Alter der Person?

In der Berufsschule gab es 32 Schüler. Nur einer hat den Abschluss nicht geschafft.
Sie waren 4 Personen als sie in den Urlaub fuhren. Keiner hat den Urlaub bereut.
Insgesamt arbeiten 8 Menschen in seiner Firma. Nur einer davon bekam eine Gehaltserhöhung.
Es sind 16 Spieler in seiner Fußballmannschaft angemeldet. Diese Saison hört keiner auf.
Er verbringt den Abend oft alleine. Wenigstens einer der mit ihm ein Bier trinkt.
Zum Bowling geht er meistens mit einem Freund. Keiner von beiden raucht.

....

Tipp1: Jeder Textabschnitt bezieht sich auf Zahlen.

Tipp2: In jedem Textabschnitt sind 2 Zahlenangaben zu finden.

Tipp3: In jedem Textabschnitt ist entweder eine Eins oder eine Null vorhanden.

Tipp4: Die anderen Zahlen werden immer verdoppelt.

Prüfung zur Lösung: Die Quersumme der Zahl ist 5.

Die Lösung ist einundvierzig. Der Schlüssel ist der Binärcode. Jeder Textabschnitt bezieht sich auf eine Stelle im Code. Dies ist an den Zahlen 32,16,8, 4, 2 und 1 zu erkennen. Bowling spielt er mit einem Freund, was auf 2 schließen lässt. Abends ist er immer alleine, was auf die Stelle der Eins hinweist. In Verbindung mit den Zahlen ist eine Eins oder eine Null zugeordnet. Somit entsteht der Code: 101001.

38. Welche beiden europäischen Städte sind gesucht?

Die größte und kleinste Zahl gehören zusammen.
Die 3 Linien sind Maßstabsgetreu.

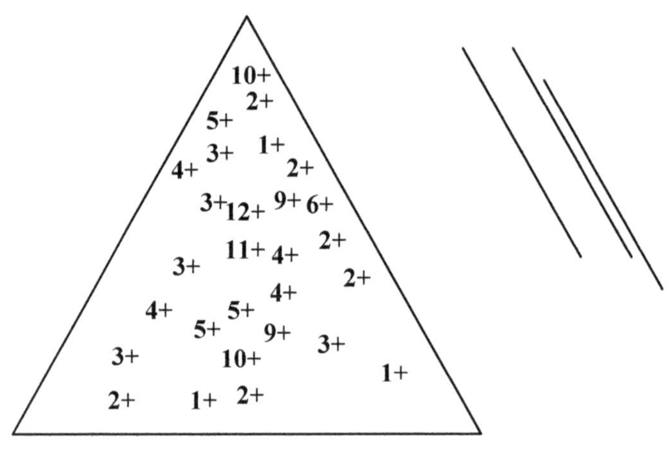

N=____ O=____

N=____ W=____

....

Tipp1: Das Dreieck muss mit vorhanden Mitteln in 4 Teile gegliedert werden.
Tipp2: Die 4 Teile haben die gleiche Größe.
Tipp3: Das richtige Rechenzeichen steht da.
Tipp4: Es müssen Koordinaten errechnet werden.
Tipp5: Es gibt, aufgrund der beiden Einschränkungen, nur eine mögliche Kombination der Koordinaten.
Prüfung zur Lösung: Die Städte haben insgesamt 14 Buchstaben.
Die Lösungen sind Odense(N:55° | O:10°) und Aberdeen (N:57° | W: 6°). Die 3 Linien, welche neben dem Dreieck liegen, lassen nur eine sinnvolle Aufteilung in 4 Bereiche zu. Diese sieht wie folgt aus:
Nach der Aufteilung müssen die Zahlen in den Feldern addiert werden, worauf das Plus schließen lässt. Die Ergebnisse sind die 4 Koordinaten.

39. Wie spät ist es?

___:___ Uhr

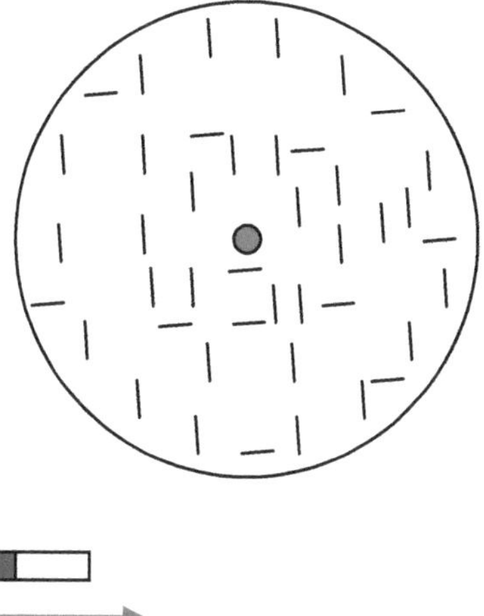

....

Tipp1: Der volle Kreis entspricht dem gesamten Tag mit 24 Stunden.
Tipp2: Der Kreis wächst mit der Zeit von innen nach außen.
Tipp3: Die vergangene Zeit ist der Radius (Balken).
Tipp4: Es gibt 2 verschiedene Arten der Striche.
Tipp5: Die Anzahl der Striche verrät ihre Funktion.
Prüfung zur Lösung: Die Summe der Zahlen ist 6.

Die Lösung ist zwölf Uhr und dreißig Minuten. Der volle Kreis steht für 24 Stunden. Darauf kann man schließen, da alle Zeichen für Stunden und Minuten im Kreis sind. Die vergangene Zeit wächst also kreisförmig von innen nach außen. Der Balken zeigt die vergangene Zeit in die entsprechende Richtung (siehe Pfeil). Somit ist klar, dass dies der Radius des Zeitkreises ist. Dieser muss abgetragen werden. Da es 30 senkrechte und 12 waagerechte Striche gibt, ist die Zuordnung für Stunden und Minuten zu schlussfolgern. Senkrechte Striche stehen für Minuten und waagerechte Striche für Stunden.

40. Welche Zahl ist gesucht?

1105 =											
657 =											
273 =											
657 =											
1117 =											

....

Tipp1: Die Zahlen müssen in den Feldern anders dargestellt werden.
Tipp2: Eine Darstellung, welche so viele Felder hat, muss der Binärcode sein.
Tipp3: Fehlende Stellen werden sinnvoll mit Nullen aufgefüllt.
Tipp4: Die Codes der Zahlen ergeben ein Gesamtbild.
Tipp5: Eine römische Ziffer ist die Lösung.
Prüfung zur Lösung: Die Quersumme des Ergebnisses ist 5.
Die Lösung ist einundvierzig. Schreiben Sie die Zahlen als Binärcode in die Felder. Da jeder Code die gleiche Anzahl an Stellen haben muss, ist es üblich den Code nach vorn mit Nullen zu ergänzen. Eine Auffüllung nach hinten ist bei Binärcodes falsch, da dies die Stellen und somit den Wert verändert. Wenn Sie sich das Lösungsbild ansehen, dann erkennen sie die römische Zahl: XLI.

41. Welcher Name ist gesucht?

___ ___ ___ ___ ___ ___ ___

11000 10110 1001 1001
11000 10110
11000 1001 1001 1001
11000 1001 10110
1001 11000
10110
11000 11000 1001

....

Tipp1: Der Name hat 7 Buchstaben und es gibt 7 Zeilen.
Tipp2: Die Umwandlung erfordert mehrere Schritte.
Tipp3: Buchstaben können auch für Zahlen stehen.
Tipp4: Die Buchstaben müssen sortiert werden.
Prüfung zur Lösung: Der Name hat 4 Selbstlaute.
Die Lösung ist Monique. Jede Zeile steht für einen Buchstaben. Das lässt sich daraus schließen, dass 7 Zeilen vorhanden sind und der Name 7 Buchstaben hat. Zunächst werden die Zahlen in Buchstaben umgewandelt. Aus diesen kann kein sinnvoller Name gebildet werden. Außerdem ist die Anzahl der Buchstaben zu hoch. Es sind römische Zahlen, welche für die Positionen der Buchstaben im Alphabet stehen.

42. Welches Tier ist gesucht?

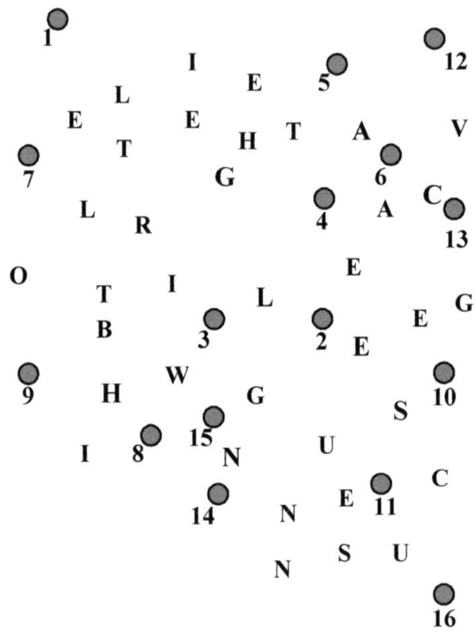

....

Tipp1: Der Name hat 8 Buchstaben.

Tipp2: Von 1-16 sind alle Zahlen vorhanden.

Tipp3: 2 Zahlen sind mit nur einer anderen Zahlen verbunden. 14 sind mit 2 Zahlen verbunden.

Tipp4: 8 Buchstaben werden markiert, wenn die Linien vollendet sind.

Tipp5: Die Buchstaben sind eingeschlossen.

Prüfung zur Lösung: Der Name hat 2 Selbstlaute.

Die Lösung ist Schlange. Es müssen die Punkte bei den Zahlen nacheinander verbunden werden. Es gibt keine andere logische Verbindung aller Zahlen, da nichts weiter dazu gesagt wird. Wenn alle Linien gezogen sind, dann sind die Buchstaben: LNGCHSAE umkreist. Diese Buchstaben sind die Lösung.

43. Welche Figur ist gesucht?

Hinweis: Ergründen Sie die Zuordnung der ersten Zeile.

4 6 2 1	>————————	< 7
8 5 3 7	>	< 2
6 3 4 1	>	< 4
7 1 1 2	>	< 9
3 5 4 2	>	< 10
8 6 4 2	>	< 3

....

Tipp1: Die Verbindung der ersten Zeile ist eine Hilfestellung.
Tipp2: Es ist immer eine Kettenaufgabe mit denselben Rechenzeichen zu lösen.
Tipp3: Verbinden Sie die Aufgaben mit den richtigen Ergebnissen.
Tipp4: Die Figur lässt sich erkennen.
Tipp5: Nicht alle Aufgaben haben ein passendes Ergebnis.
Prüfung zur Lösung: Der Name der Figur hat 7 Buchstaben und beginnt mit 2 Mitlauten.

Die Lösung ist Dreieck (ungleichseitig). Aus der ersten Aufgabe lässt sich erkennen, dass die ersten beiden Zahlen addiert und die letzten beiden subtrahiert werden. 4+6-2-1= 7. Die Rechenzeichen werden auch bei den anderen Zahlen angewandt. Darauf lässt sich schließen, da nichts anderes angedeutet wird. Die zweite Aufgabe führt zur 3. Die dritte Aufgabe führt zur 4. Die fünfte Aufgabe führt zur 2. Die vierte und sechste Aufgabe haben keine Partner. Somit wird ein Dreieck gezeichnet.

44. Welche Jahreszahl ist gesucht?

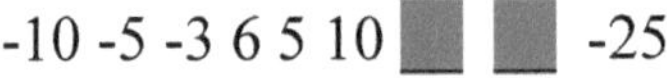

-1 -6 -3 -18 ■ ■ -27

1 4 9 5 -1 2 7 ■ ■ __

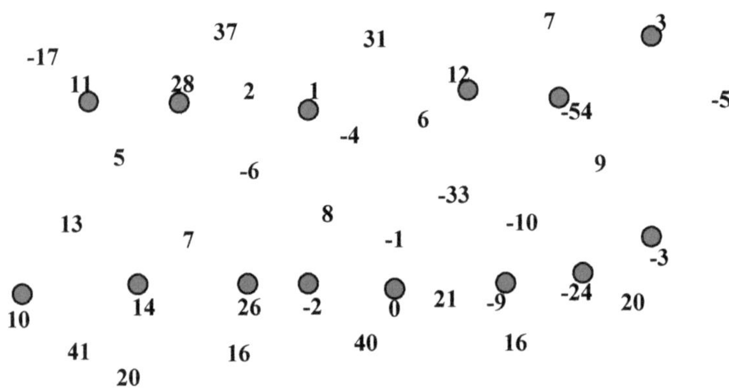

....

Tipp1: Die Zahlenfolgen können alle ergänzt werden.
Tipp2: Die Zahlen einer Folge bilden eine Gruppe.
Tipp3: Die Zahlen einer Gruppe sind nur in ihrer Reihenfolge eine Hilfe.
Tipp4: Verbinden Sie die Punkte der Zahlen in der richtigen Reihenfolge.
Tipp5: Sie können die Lösung sehen.
Prüfung zur Lösung: Die Quersumme der Zahl ist 8.

*Die Lösung ist das Jahr eintausendeinundsechzig. Die Zahlenfolgen müssen ergänzt werden. 1. Formel: +3,*2,-2,+1 | 2. Formel: -3,+2 | 3. Formel: +5,+2,*-2,-1 | 4. Formel: *6,/2 | 5. Formel: +3,+5,-4,-6 .*

Die Zahlen werden in dem Zahlengemenge verbunden. Dies geschieht in der Reihenfolge, wie sie in der Formel stehen. Danach ist die römische Zahl: MLXI zu erkennen.

45. Wie spät ist es?

____:____

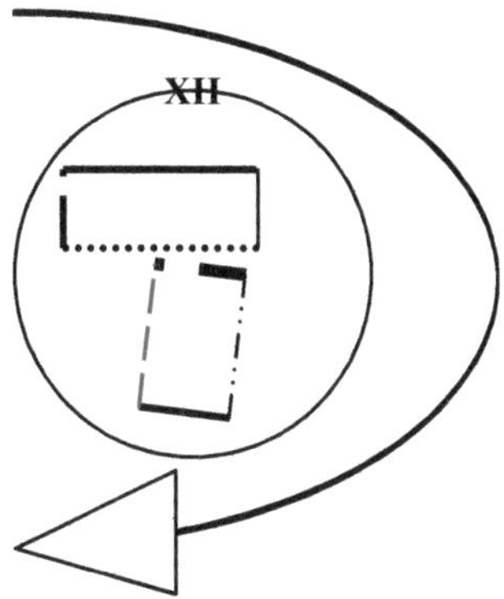

Tipp1: Es gibt 2 Rechtecke für Stunden und Minuten.
Tipp2: Eine Seite der Rechtecke zeigt die Zeit.
Tipp3: Etwas haben beide Rechtecke gemeinsam.
Tipp4: Es gibt einen kleinen und einen großen Zeiger.
Tipp5: Der Pfeil zeigt die richtige Richtung.
Prüfung zur Lösung: Die Summe der Zahlen ist 15.
Die Lösung ist neun Uhr und fünfzehn Minuten. Da es sich um Zeiger derselben Uhr handelt, sind in beiden Rechtecken jene Linien zu suchen, welche das gleiche Format haben. Jede Linie zeigt in 2 Richtungen. Der gewundene Pfeil zeigt die zu lesende Richtung. Er zeigt den Richtungsverlauf um die beiden Rechtecke. Demzufolge zeigt der lange Stricht Richtung 15 und der klein Strich knapp über die 9.

46. Welche Figur ist gesucht?

Einstein

G	F	B	M	H	K	L	O	P	X	S	Y	W	Q	E
F	G	H	I	L	O	P	X	C	V	R	E	X	E	A
H	G	T	R	O	M	M	E	L	K	L	U	B	D	S
U	U	V	O	Z	T	I	B	1	U	G	3	N	G	D
Z	T	K	S	8	N	B	P	O	L	K	P	M	E	E
G	E	L	T	S	S	Y	X	C	B	G	L	G	I	R
D	G	N	T	V	I	U	T	2	T	F	5	D	N	H
X	T	E	B	U	T	R	S	X	V	C	Z	E	S	J
C	I	S	T	7	E	6	B	5	Y	V	U	T	C	B
N	B	E	7	Y	T	6	N	I	M	P	3	U	H	F
B	B	E	C	E	R	T	7	W	W	E	D	I	4	K
N	U	D	V	B	N	H	D	A	Y	7	F	K	I	Z

....

Tipp1: Sie brauchen keine Zahlen.
Tipp2: Finden Sie geordnete Buchstaben.
Tipp3: Geordnete Buchstaben ergeben Worte.
Tipp4: Die Worte zeigen eine Form.
Prüfung zur Lösung: Die Figur belegt 12 Felder.
Die Lösung ist ein rechtwinkliges Dreieck. In der dritten Zeile beginnt das Wort: Einstein, welches diagonal nach links unten verläuft. In dessen Nähe finden Sie die Wörter Rost und Trommel. Diese Felder müssen Sie ausmalen und erkennen somit die Form.

47. Welche Figur ist gesucht?

Insgesamt gibt es 22 Linien. Davon sind 9 in ihrer Länge begrenzt. Wenn Sie die restlichen Linien mit 5 multiplizieren, dann erhalten Sie eine Primzahl. Schlussfolgernd daraus hat die Figur 18 Ecken. 5 kommen noch einmal hinzu, wenn man die Felder verbindet. Die Grundform ähnelt der 3. Teilt man 11 durch das Verhältnis des größten Kreises zum Durchmesser, dann erhält man eine ganze Zahl.

....

Tipp1: Lesen Sie den dritten Satz genau.
Tipp2: Lesen Sie den letzten Satz genau.
Tipp3: Inhaltlich ist der Text nicht brauchbar.
Tipp4: Jeder Satz hat eine Zahl.
Tipp5: Zahlen können für Buchstaben stehen.
Prüfung zur Lösung: Die Lösung hat 7 Buchstaben.

Die Lösung ist ein Viereck. Der Inhalt des Textes ist nutzlos. Das erkennen Sie am dritten und letzten Satz. Eine Primzahl kann kein Vielfaches sein. Das Verhältnis (Kreis zu Durchmesser) ist immer Pi. Und das ist eine Zahl mit unendlichen Dezimalstellen, weshalb die Teilung der 11durch Pi keine ganze Zahl sein kann. Selbst wenn Sie Pi abrunden ist das Ergebnis keine ganze Zahl. Eine andere Auffälligkeit ist, dass jeder Satz eine Zahl hat. Setzen Sie für die Zahlen Buchstaben und Sie erhalten die Lösung.

48. Welche Zahl ist gesucht?

Hinweis

E	R	F	N	A	U	V	T
S	L	K	I	U	E	E	S
M	I	F	U	R	I	K	J
W	M	E	S	S	A	Q	R
V	E	R	W	K	O	G	L
S	Q	A	I	N	T	T	L
Y	A	E	W	U	I	W	T
I	K	L	U	U	A	H	Z

1	1	0	0	1	0	1	0
1	0	0	1	1	1	0	1
1	0	1	0	1	1	0	0
1	0	0	0	1	1	1	0
1	1	1	1	0	0	1	1
1	0	0	1	0	1	1	1
1	1	0	1	1	1	0	1
0	0	0	1	1	1	1	1

....

Tipp1: Einige ausgewählte Felder bilden den richtigen Binärcode.
Tipp2: Ein bestimmtes Wort zeigt die richtigen Felder.
Tipp3: Sie sehen das zu suchende Wort.
Tipp4: Achten Sie besonders auf diagonale Wörter.
Tipp5: Beide Felder haben die gleiche Verteilung von Zellen.
Prüfung zur Lösung: Die Quersumme ist 6.

Die Lösung ist einhundertundfünf. Im linken Feld finden Sie das Wort Hinweis (diagonal von rechts unten beginnend). Auf das Lösungswort wird unter der Überschrift verwiesen. Wenn Sie die beschriebenen Felder auf das rechte Feld übertragen, können Sie den Binärcode in Leserichtung erkennen. Er lautet: 1101001.

49. Welche Zahl ist gesucht?

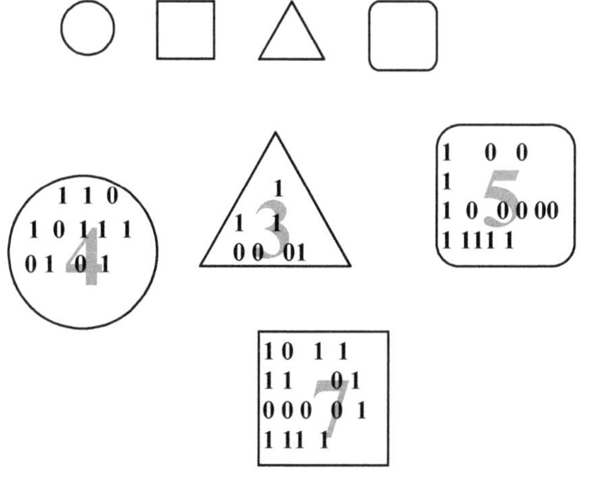

....

Tipp1: Die leeren geometrischen Figuren zeigen die Reihenfolge.

Tipp2: Die Zahl im Hintergrund spielt eine wichtige Rolle.

Tipp3: Die Lösung ist ein Binärcode, von welchem jede Figur eine Zahl stellt.

Tipp4: Sie müssen zählen.

Tipp5: Jede Figur gibt ein Hinweis auf ihre Zahl zum Binärcode.

Prüfung zur Lösung: Eine zweistellige Primzahl.

Die Lösung ist elf. Die große graue Zahl in jeder Figur gibt an, welche Position die Zahl für die Lösung hat. Im Kreis ist die vierte Zahl eine 1. Im Viereck ist die siebente Zahl eine 0. Im Dreieck ist die dritte Zahl eine 1. Im runden Viereck ist die fünfte Zahl eine 1. Somit ist die Lösung der Binärcode: 1011.

50. Welche Zahl ist gesucht?

Linien dürfen sich nicht kreuzen.

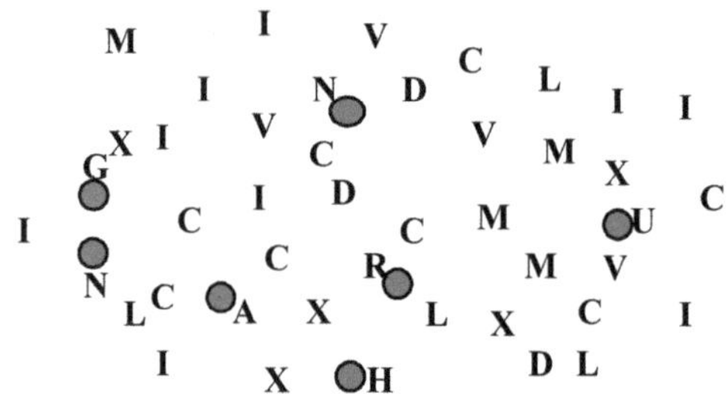

....

Tipp1: Nicht alle Buchstaben sind römische Zahlen.
Tipp2: Das Wort trennt die richtige Zahl von den anderen ab.
Tipp3: Verbinden Sie die Punkte der Buchstaben von dem Wort und beachten Sie den Hinweis.
Tipp4: Die Lösung ist eingeschlossen.
Tipp5: Es gibt nur eine mögliche Aufstellung der römischen Zahlen.
Prüfung zur Lösung: Die Quersumme ist 19.

Die Lösung ist eintausendachthunderteinundneunzig. Es gibt genau 7 Buchstaben, welche keine römischen Zahlen sind. Diese Buchstaben stehen an den Punkten und ergeben das Wort „Nahrung". Verbinden Sie die Buchstaben nacheinander und Sie erhalten eine Art Figur. Da das Wort zweimal den Buchstaben N aufweist, müssen Sie den Hinweis beachten. Die Figur umzingelt einige römische Ziffern. Die Ziffern lauten: MDCCCXCI, was auch nur in dieser Reihenfolge geschrieben werden kann.